T 27
n. 10150.

AF338998

RELATION

DE LA GUÉRISON MIRACULEUSE

DE LA SŒUR Ste GENEVIÉVE,

Religieuſe de chœur aux Hoſpitalieres de la
MISÉRICORDE DE JESUS,

Rue Mouffetard, fauxbourg Saint-Marcel,
à Paris,

*Obtenue par l'application de la vraie Croix &
l'interceſſion de la Sainte Vierge, le 17 Août
1790.*

A PARIS,

Chez LE CLERE, Libraire, rue Saint-Martin, près
celle aux Ours, N° 254.

1790.

RELATION

DE LA GUÉRISON MIRACULEUSE

DE LA SŒUR Ste GENEVIÉVE,

Religieuse de cœur aux Hospitalieres de la
MISÉRICORDE DE JESUS,

Rue Mouffetard , fauxbourg Saint - Marcel ,
à Paris ,

*Obtenue par l'application de la vraie Croix &
l'interceſſion de la Sainte Vierge , le 17 Août
2790.*

MA sœur Agathe-Magdeleine Jacquinet,
dite Euſtache de Sainte-Geneviéve, âgée de
vingt-cinq ans & dix mois, entra chez nous
le 21 Mai 1784, & fit profeſſion le 15 Novembre 1785. Dès le lendemain de ſa priſe
d'habit, elle fut attaquée d'un grand mal de
tête & d'une fievre violente , qui, pendant
quelques jours, firent craindre une forte maladie. Le mal s'étant diſſipé peu-à-peu, on fut
raſſuré ſur cette crainte ; cependant, comme

A 2

elle étoit toujours langoureufe, on vit bien qu'elle feroit toujours délicate , & l'on craignoit même qu'elle n'eût pas une longuevie. Malgré fa grande délicateffe, elle defiroit,avec beaucoup d'ardeur,de fe confacrer à Dieu dans notre Maifon ; ce fut en cette intention qu'étant Novice elle fit une neuvaine pour obtenir de Dieu la grace de mourir Religieufe. Ses vœux furent exaucés , elle fut admife & fit profeffion le 15 Novembre 1785. Ce fut le lendemain qu'elle tomba plus férieufement malade d'une efpece d'inflammation , pour laquelle on la faigna : cette faignée fit fon effet ; la malade fut foulagée des grandes douleurs de dos & de tête, mais elle eft toujours reftée, depuis cette époque, très-infirme , retombant de temps en temps dans des accidens de fievre très-forts, accompagnés quelquefois de douleurs de tête & de points dans le dos. Dans ces occafions on avoit recours à la faignée,qui ôtoit les grandes douleurs , mais qui ne diminuoit en rien le mal-aife habituel. La malade fut faignée fept fois ; à chaque faignée elle fentoit pendant plus de huit jours un travail au pilore de l'eftomac, qui la faifoit beaucoup fouffrir. La Mere-Maitreffe, qui eft aujourd'hui notre Supérieure, peinée de la voir toujours fouffrir , en parla à un Chirurgien qu'elle connoiffoit , qui , fur fa recommandation, voulut bien voir

la malade; il trouva que le foie étoit engorgé, mais qu'il étoit possible de la guérir, si elle vouloit suivre son traitement pendant un an. Dans cette espérance, la malade accepta l'offre, & suivit les ordonnances l'espace de six mois: pendant ce temps il fit appliquer les sangsues environ huit à dix fois, tant pour dégorger le foie que pour entretenir les époques périodiques: ce n'est pas que la nature ait cessé d'agir, au contraire elle a toujours plutôt devancé le temps; mais quelquefois elle agissoit moins bien en ce qu'elle n'opéroit pas autant de jours. Ennuyée des remedes, ma sœur Sainte-Geneviéve ne voulut plus voir ce Chirurgien, qui, par l'intérêt qu'il prenoit à sa santé, fut très-fâché de cette résolution. Il se retira en disant : « Avant qu'il soit trois ans, madame
» Sainte-Geneviéve sera bien fâchée de ce
» qu'elle fait, mais il ne sera plus temps ;
» cela me fait beaucoup de peine, non pas pour
» moi, mais pour la Communauté, parce que
» je vois que l'on perdra cette jeune personne».
» Ce fut vers la fin de l'été 1786 que la malade prit la résolution de ne plus rien faire, & qu'elle remercia le Chirurgien. Environ six mois après, elle s'apperçut que les alimens avoient plus de peine à passer; qu'il en étoit quelques-uns qui la faisoient beaucoup plus souffrir: tels que la viande grasse, les ragoûts,

les fauces, mais fur-tout les fauces blanches ;
les œufs, plus particuliérement en omelette ;
les épinards, la falade, & différentes autres
chofes qu'il feroit trop long de rapporter ici :
c'étoit fur-tout les foirs qu'elle fouffroit davantage de fes digeftions, ayant des rapports con-
fidérables & d'une aigreur horrible : elle ren-
doit, la plupart du temps, fon fouper par gor-
gées, & étoit obligée de refter affez long-
temps à fon féant, fentant, quand elle étoit
couchée, un étouffement confidérable, accom-
pagné de douleurs de colique très-aiguës au
pilore. Comme Dieu avoit donné à la malade
un très-grand courage & beaucoup de vivacité,
elle ne fe plaignoit que quand le mal étoit in-
fupportable, & ne difoit même jamais jufqu'à
quel point elle fouffroit ; d'ailleurs on étoit, pour
ainfi dire, habitué à la voir fouffrir (non par
indifférence ni par dureté, car la Communauté
a toujours eu la plus grande confidération pour
elle, & lui a conftamment montré le plus fin-
cere attachement, en cherchant tous les moyens
poffibles de la foulager ; d'ailleurs elle nous eft
très-chere fous tous les rapports). Elle étoit
fujete à des accès de fievre affez forts qui
duroient vingt-quatre heures ; elle difoit quelquefois : « J'ai certainement quelque chofe de
» dérangé dans le corps, car je fouffre des
» douleurs inexprimables ; je crois qu'on s'en

» appercevra trop tard ; & si cela continue, ce
» sera sûrement la cause de ma mort, car je
» sens au-dedans de mon corps un travail qui
» est incroyable ».

C'est dans cet état de langueur, de souf-
france & de mal-aise plus ou moins considé-
rable, & pour le soulagement desquels M.
Morisot, notre médecin, n'a épargné ni ses
soins, ni son zele, qu'a vécu notre chere Sœur
jusqu'à la fin d'Octobre dernier, où elle devint
si malade qu'aucune nourriture ne passoit. Elle
vomissoit toute espece d'alimens, même les
liquides. M. Morisot, qui fut appelé de nouveau, mit tout en œuvre pour arrêter les vomissemens, mais rien n'opéra ; l'on eut cependant une lueur d'espérance, en ce qu'ayant
prescrit une boisson avec la liqueur d'Hoffeman,
accompagnée d'un très-grand régime, la malade fut un peu soulagée, c'est-à-dire que les
vomissemens furent moins opiniâtres, & qu'il
passa par instant quelque peu de nourriture.
Cette espece de mieux ne fut pas de longue du-
rée, car, dix ou douze jours s'étant écoulés, les
vomissemens recommencerent avec encore plus
d'opiniâtreté, en sorte que rien ne passoit. Lorsque M. Morisot fut appelé dans cette derniere
occasion, il palpa la malade, & trouva qu'il y
avoit une obstruction bien formée au défaut de
l'estomac ; il prescrivit même pour ce sujet

A 4

quelques fondans, & se proposoit d'en faire prendre de plus actifs lorsque la belle saison recommenceroit. Quoique la malade eût à peine fini de prendre ses alimens, qu'elle les rendoit aussi-tôt, ils étoient cependant on ne peut pas plus tournés, & d'une aigreur très-forte. La maladie devenant de jour en jour plus grave, on commençoit à craindre qu'il n'y eût plus de ressource, & que la mort ne fût prompte ; ce fut ce qui détermina une Religieuse de la Maison à en parler à un Médecin qu'elle connoissoit depuis plusieurs années, & qui la vint voir dans les premiers jours de Janvier dernier. Sur le récit qu'elle fit, ce Médecin parut desirer voir la malade ; alors cette Religieuse fut trouver la Mere Supérieure pour lui rendre compte de la visite qu'elle venoit d'avoir, & lui demander ce qu'elle vouloit qu'on fît. La Mere Supérieure & la malade ayant consenti à voir le Médecin, il entra dans la Maison, vit la malade, la palpa, & trouva le pilore engorgé & très-obstrué ; il trouva aussi un chapelet d'obstructions qui tenoit tout le pancréas, indépendamment du grand lobe du foie qui étoit aussi très-engorgé & obstrué : le petit lobe s'en sentoit aussi, mais beaucoup moins que tout le reste. Ce Médecin fit espérer que, malgré le progrès du mal, on pourroit encore soulager la malade, vu sa grande jeunesse &

son courage ; cependant il ne promettoit pas
de la guérir, parce qu'il n'y avoit guere de
guérison parfaite pour ces sortes de maux ; il
dit même à l'Infirmiere en particulier, que
c'étoit un état bien misérable, & que ces maladies étoient presque toujours incurables. Il
promit, en se retirant, d'envoyer sous peu de
jours le résultat de ce qu'il avoit découvert,
avec le traitement qu'il falloit suivre ; il tint
sa parole, & adressa à l'Infirmiere sa lettre en
date du 9 Janvier. La Mere Supérieure & la
Communauté desirant que ce Médecin suivît
notre malade, il s'en chargea volontiers ; il
la suivit depuis ce moment avec la plus grande
exactitude ; il ordonna des bouillons apéritifs,
des pilules fondantes & des bains : ces premiers médicamens procurerent quelque soulagement, c'est-à-dire que la malade fut pendant six semaines ou deux mois avec des vomissemens moins considérables ; il passoit quelquefois un peu de nourriture ; mais pendant ce
mieux même, elle ne fut jamais plus d'un jour &
demi sans vomir : elle étoit d'ailleurs assujétie
au plus grand régime : toutes especes de sauces,
de jus, de ragoûts, lui étoient interdites ; sa
nourriture consistoit en viandes ou volaille
bouillies ou roties, avec ordre d'en rejetter la
graisse & la peau ; on permettoit aussi quelque peu de poisson cuit à l'eau ou roti, mais

A 5

fans aucune fauce : les remedes prefcrits procurerent auffi plufieurs évacuations affez confi-
dérables, & qui prouverent par leur nature
combien le pilore étoit malade ; c'eft ce que
le Médecin a fouvent dit à l'Infirmiere, qui
fut plus d'une fois effrayée fur cet objet. A peine
deux mois furent écoulés que la malade tomba
dans un état encore plus inquiétant, par les vo-
miffemens qui revinrent au commencement
d'Avril dernier avec une telle abondance &
une fi grande opiniâtreté, qu'ils réfifterent à
tout ce que put faire le Médecin : on fit ufage
fucceffivement des fucs épurés, des eaux de
Vichy, de celles de Paffy, épurées & non épurées. La malade continuoit toujours les pilules
fondantes, & les bains qu'elle a pris jufqu'au
nombre de foixante & douze, mais rien n'o-
péra. Le Médecin la palpa de nouveau, &
trouva que le grand lobe du foie étoit abfolu-
ment défobftrué, & c'eft à cela qu'il attribua
les évacuations que la malade avoit eues, mais
il trouva le pilore & le pancréas dans le plus
mauvais état, les obftructions & les engorgemens ayant gagné le côté gauche, enforte qu'il n'y
avoit plus aucune partie qui ne fût très-léfée ;
il commença à douter que la malade pût guérir ; il revint à fes bouillons apéritifs, en difant
que s'ils ne paffoient pas, elle étoit perdue.
Quelle fut la peine de la Communauté, quand

on vit qu'ils ne paſſoient pas! La malade les vo-
miſſant comme tout le reſte, le Médecin en diminua la doſe, & les fit faire plus légers: la malade
continua de les vomir. Le Médecin en diminua encore davantage la doſe, & la fixa à une
très-petite demi-taſſe par jour. Il ſupprima les
pilules ; toutes ces précautions furent inutiles,
les vomiſſemens n'en devinrent que plus fré-
quens, & toujours d'une aigreur horrible. Le
Médecin en perdit toute eſpérance de pouvoir
retirer notre Sœur de cette maladie. Il a ſouvent dit depuis à l'Infirmiere qu'elle étoit perdue ; c'étoit dans le mois de Juin qu'il parloit
ainſi : & ſur ce que l'Infirmiere lui dit un jour
que la malade ſe flattoit de vivre encore long-
temps, il lui répondit devant une autre Religieuſe, qu'il donneroit volontiers de ſon ſang
pour que cela fût, mais qu'il y avoit ſi peu
d'eſpoir qu'il ne voudroit pas en parier quatre
ſous. La malade devoit ſans doute être bien
foible, la nourriture ne paſſant plus depuis
tant de temps ; auſſi ſes forces diminuoient-
elles à vue d'œil : elle tomboit aſſez ſouvent
dans des foibleſſes, dans une deſquelles on
appréhendoit qu'elle ne paſſât. Pour entretenir un petit reſte de force, le Médecin ordonna une potion fortifiante. Il ordonna auſſi
qu'on fît prendre à la malade quelques lavemens de bouillons ; il lui fit appliquer un véſi-

catoire au bras pour tâcher de tirer une partie
de l'humeur qui féjournoit dans l'eſtomac, ne
trouvant pas de paſſage pour deſcendre dans
les inteſtins : ce fut au mois de Juillet qu'on
eut recours à ces nouveaux moyens. Le vélica-
toire tira d'abord aſſez bien, & ne diminua
pas les vomiſſemens : il appaiſa ſeulement une
grande douleur de côté que la malade avoit
depuis quatre ans ; mais ce n'étoit pas pour
cette douleur qu'on l'avoit mis, car le Médecin n'a jamais eu d'inquiétude ſur cet objet.
Voyant toutes les reſſources de l'art épuiſées, il
donna ordre qu'on ſoutînt la malade avec quelques cuillerées de vin d'Alicante ou de Ma-
laga, & en envoya même une bouteille de ce
dernier, parce qu'il vouloit être ſûr de ſa
bonté; en même temps il demanda une con-
ſultation qui fut faite le 4 Août, où ſe trouve-
rent M. Cochu, M. Moriſot, notre médecin, celui de la malade, & M. Devilliers
notre chirurgien. Ces Meſſieurs examinèrent
beaucoup notre Sœur, la palperent, & trou-
verent, comme ſon Médecin ordinaire, le pancréas très-engorgé, & ſur-tout le pilore dans
le plus miſérable état, étant non - ſeulement
engorgé, mais auſſi très-obſtrué ; ils preſ-
crivirent pour première boiſſon l'eau avec le
ſucre & la liqueur d'Hoffeman, & pour ſeconde boiſſon les eaux de Vichy ; ils ordon-

nerent aussi des bains de pieds deux fois le jour, & firent appliquer sur l'estomac de la malade une croute de pain grillée trempée dans le vinaigre. Ils défendirent toute nourriture solide, en exhortant à soutenir la malade avec la gelée de viande, sa potion fortifiante & les lavemens de bouillon : ils permirent seulement quelques fruits qui pourroient passer, suivant les caprices de l'estomac. Ils n'espéroient pas de la guérir par ce traitement, mais seulement de prolonger un peu ses jours. Ils dirent tous que sa maladie étoit incurable, & qu'il falloit s'attendre à la perdre. Notre Chirurgien s'étant retiré avant la fin de la consultation, parce qu'il étoit pressé, dit à l'Infirmiere en particulier que c'étoit un état bien misérable, non-seulement parce que le pancréas étoit dans un mauvais état, mais parce que le pilore étoit le pire de tout, & que ces sortes de maladies étoient toujours très-malheureuses. En effet ce nouveau traitement ne fut pas plus heureux que les autres, la malade continua de vomir, & devint de plus mal en plus mal, les nuits étant mauvaises & agitées. L'on remarqua que le Mercredi 11 d'Août, elle ne vomit pas son déjeûner qui consistoit en très-peu de café au lait sans pain. On ne fut pas long-temps sans découvrir la cause de ce changement : la malade fut prise dans la matinée d'un grand friſſon qui ſe termina par une fievre violente, un grand mal de tête & des douleurs très-aiguës dans tout le corps, ce qui annonçoit une inflammation bien caractériſée. Dès cet inſtant elle ne vomit plus le peu de liquide qu'on lui donnoit, le feu de l'inflammation conſumoit tout : elle vomit, le premier jour de ce dernier accident, une bile très-irritée, avec un grand mal de cœur que les douleurs excitoient, car il eſt à remarquer que dans les vomiſſemens habituels, la malade n'a jamais éprouvé cette derniere incommodité. Comme le Médecin demeure fort loin, on fit avertir le Chirurgien de la maiſon qui vint ſur le ſoir. Il tira une palette de ſang, & ordonna quelques boiſſons rafraîchiſſantes, qui paſſerent au moyen de ce qu'on en donna très-peu à-la-fois. La malade ne prit cependant que deux coups d'eau de veau, parce qu'elle fut obligée de les vomir. La nuit fut mauvaiſe & agitée, quoique la ſaignée eût calmé la fievre & les grandes douleurs. Le Chirurgien, qui revint le lendemain matin, tira encore une palette de ſang ; cette ſeconde ſaignée affoiblit tellement la malade qu'elle s'évanouit au point qu'on croyoit qu'elle alloit paſſer : depuis cet inſtant elle devint de plus en plus foible. Elle eut à la ſuite de ces deux ſaignées deux évacuations qui acheverent de la mettre à bas ; & c'eſt d'après ces accidens que le Médecin la palpa de nouveau : il trouva que l'estomach & le pilore étoient toujours obstrués , & que la crise de cette maladie n'avoit rien changé à l'état habituel ; il trouva le pouls misérable : on avoit déja remarqué qu'il étoit intermittent par moment , & s'affoiblissoit de plus en plus. Le Médecin, craignant que le feu de l'inflammation ne se rallumât, prescrivit pour boisson le sirop d'orgeat, de groseille & de vinaigre , & ordonna que l'on fît prendre les bains, en commençant par un d'une demi-heure. La malade en prit quatre en tout ; mais les forces, loin de revenir, se perdoient de plus en plus, ce que le Médecin confirma en disant que son pouls s'éteignoit visiblement. Comme elle gardoit le peu de boisson qu'on lui donnoit, l'Infirmiere essaya de lui faire prendre un bouillon un peu plus fort qu'à l'ordinaire, c'est-à-dire, environ une demi-tasse; elle le vomit au bout d'une demi-heure , & on fut forcé de s'en tenir à la petite dose ordinaire : cet essai fut fait le vendredi dans la soirée. Comme on vit que la malade étoit très-foible , on la fit administrer le samedi matin : elle soutint assez bien la cérémonie, & édifia toute la Communauté par la piété avec laquelle elle reçut le Saint des Saints : aussi depuis ce précieux moment, il sembloit que, plus son corps s'affoiblissoit, plus son ame devenoit forte & vigoureuse. Le lendemain, jour de l'Affomption, elle fut prife d'un fi grand ennui qu'on fut obligé, malgré fa grande foibleffe, de la defcendre dans le jardin : toutes les perfonnes qui l'y virent furent frappées des fymptômes de mort qui paroiffoient fur fa figure, & fe difoient l'une à l'autre : *Ah ! la pauvre petite mere n'ira pas loin, car elle eft bien mal;* eff ctivement elle avoit déja l'odeur cadavéreufe, & on s'apperçut, dès le famedi, que fa langue noirciffoit. Le lendemain lundi elle devint encore plus foible, enforte que le Médecin dit tout net à l'Infirmiere qu'elle ne fe tireroit pas de-là, que fon pouls s'éteignoit tout-à-fait, que d'ailleurs il y avoit déja long-temps qu'elle avoit la peau de l'eftomac très-terreufe & feche comme un parchemin : enfin qu'il ne croyoit pas qu'il y eût encore pour elle quelque reffource. Malgré tout cela on fut encore obligé, par rapport au grand ennui qui ne la quittoit pas, de la defcendre dans le jardin : le Médecin l'avoit permis : on couvrit fon fauteuil avec un morceau de toile verte, afin de la garantir du grand air qu'elle ne pouvoit plus foutenir. Ce fut dans cet après-diner que la malade dit à deux Religieufes qui la gardoient, qu'elle defireroit bien faire une neuvaine à la fainte Vierge, pour demander à Dieu fa guérifon; que depuis l'inftant où elle avoit eu le bonheur d'être

adminiſtrée, elle ſe ſentoit une grande con=
fiance en cette ſainte Protectrice, & que Dieu
lui donnoit une ferme confiance qu'elle ſeroit
guérie. Elle dit ces paroles avec une ſi grande
foi, que dès cet inſtant l'Infirmiere ne douta
pas de ſa guériſon. *Ah! dit-elle, c'eſt certainement Dieu qui lui met ce deſir dans le
cœur, & ſûrement elle ſera guérie, car je ſais
combien peu elle étoit portée à faire des neuvai-
nes:* effectivement quelques-unes de ſes com-
pagnes lui avoient dit, il y avoit quelque temps,
qu'elles vouloient en faire une; & la malade
avoit répondu : *Je ne crois pas que Dieu vous
exauce, parce qu'ordinairement, quand il le
veut faire, il met la foi dans le cœur des perſonnes qu'il veut guérir, & que je ne la ſens pas en
moi; au reſte ſi l'on veut faire une neuvaine
pour moi, je demande qu'on la faſſe pour
demander à Dieu l'eſprit de ſacrifice, & la
ſoumiſſion à ſa ſainte volonté.*

Nous commençâmes le lundi 16 Août au
ſoir la neuvaine demandée par la malade : elle
étoit compoſée du *Veni, Sancte,* du verſet &
de l'Oraiſon du Saint-Eſprit, du *Sub tuum,*
de l'Hymne des Vêpres de l'Aſſomption, de
l'Antienne de *Magnificat* des ſecondes Vêpres & de l'Oraiſon *Veneranda.* Pluſieurs Re-
ligieuſes & Dames Penſionnaires la faiſoient en
particulier, tandis que d'autres la faiſoient au-

près de la malade : l’on difoit tous les jours à la Meſſe les Oraiſons des malades. La nuit du lundi au mardi fut un peu moins mauvaiſe : la malade eut quelques heures de ſommeil à différentes repriſes, mais le ſommeil n’étoit pas bon ; le mardi matin elle étoit ſi mal que le Chirurgien qui la vit dit à l’Infirmiere que, ſûrement le peu de liquide qui paſſoit chez, elle n’y paſſoit pas en nourriture, parce que ſi cela étoit, dit-il, du-moins elle n’affoibliroit pas ; & que, ſon pouls s’éteignant à vue d’œil, il y avoit tout lieu de croire qu’elle finiroit ainſi : il ajouta en ſe retirant : *la pauvre petite Dame , c’eſt bien dommage & bien fâcheux !* Cependant la foi de la malade s’augmentoit toujours; & dans la pleine confiance de guérir, elle difoit à Dieu , *Seigneur, plus je m’affoiblirai, plus je croirai que vous me guérirez.* Elle s’entretenoit auſſi avec Dieu, ſoit en s’adreſſant à lui-même, ſoit en priant la ſainte Vierge d’intercéder pour elle, ſuivant que Dieu le lui mettoit dans le cœur. Enfin ce même mardi dix-ſept Août, ſur le midi , elle étoit ſur un fauteuil pour ſe délaſſer du lit , Dieu lui inſpira de demander un reliquaire que nous avons, & dans lequel il y a de la vraie Croix. En demandant cette ſainte Relique, la malade dit : *La ſainte Vierge ne ſe fâchera pas de cela, car c’eſt les Reliques de ſon Fils ,*

& je crois que c'eſt la vraie maniere de la bien prier. On apporta la vraie Croix ſur les deux heures ; il auroit fallu être préſent pour bien juger de l'empreſſement avec lequel notre Sœur reçut ce précieux tréſor, le baiſa & l'appliqua ſur ſon eſtomac. C'étoit l'heure de la manifeſtation de la toute-puiſſance de Dieu. Une demi-heure après, la malade ſe leve de ſon fauteuil, & ſe trouve aſſez forte pour aller ſeule, & ſans aucun appui, chez notre Mere Supérieure. Quelle fut ſa ſurpriſe ! Elle n'en pouvoit pas croire ſes yeux. Une demi-heure après l'on donne à la malade, qui ne l'étoit plus, un bon bouillon avec une bonne croute de pain, qui paſſa on ne peut pas mieux : le ſoir on en donne encore autant, qui paſſe auſſi bien. La nuit fut très-bonne, la miraculée y prit deux bouillons, & dormit très-bien. Le lendemain mercredi matin, on lui donna pour ſon déjeûner une forte croute de pain dans le bouillon ; à dîner elle mangea une bonne ſoupe, de la viande, & un peu de deſſert : tout paſſa bien, & rien ne l'incommoda. Le ſoir elle mangea une écuélée de vermichelle très-épais, il paſſa de même. Ses forces ſont revenues avec une rapidité prodigieuſe, enſorte qu'elle va & vient comme ſi elle n'eût jamais été malade. Le Dimanche ſuivant, elle a fait Chantre toute la journée, eut le bonheur de communier à la

grand'Meſſe, ce qu'elle n'avoit jamais pu faire depuis qu'elle eſt chez nous, que le jour de ſa priſe d'habit & de ſa profeſſion, avec les plus grandes précautions. Elle a, ce même jour, repris tous les exercices de la Maiſon, allant au Réfectoire, au Chœur, & dans ſa cellule où elle couche comme toutes les autres. Depuis cet inſtant elle eſt dans la plus parfaite ſanté, pleine de joie, ainſi que nous toutes, de la grande grace que Dieu vient de nous faire. Notre Mere Supérieure, deſirant rendre graces à Dieu de cette œuvre de ſa toute-puiſſance, fit chanter le *Te Deum* le jour de ſaint Louis après la grand'Meſſe : nous y avons ajouté l'Antienne de *Magnificat* des ſecondes Vêpres de l'Invention de la Sainte Croix, avec le Verſet & l'Oraiſon, le *Sub tuum*, le Verſet & l'Oraiſon de la Sainte Vierge. Quoique notre Sœur fût guérie dès le ſecond jour de ſa neuvaine, nous l'avons continuée, en y ajoutant le *Te Deum* en action de grace ; & M. notre Chapelain, au lieu des Oraiſons des malades, dit celles du jour de l'Invention de Sainte Croix. Notre premiere Neuvaine étant finie le mardi 24, nous en avons recommencé une autre d'action de grace le jour de ſaint Louis. Le lendemain, M. le Chapelain dit la Meſſe d'action de grace, & tous les jours de la Neuvaine il en a dit les Oraiſons. Que nous refte-t-il à dire à préfent, finon de nous écrier avec les faints habitans de la celefte Jérufalem : Grâces à notre Dieu qui eft aſſis ſur le trône, & à l'Agneau qui nous a ſauvées ! Bénediction, gloire, ſageſſe, action de graces, honneur, puiſſance, & force à notre Dieu, dans tous les ſiecles des ſiecles, Amen (1) !

Avant de finir, il faut rendre compte de ce qu'a dit le Médecin la premiere fois qu'il a vu ma ſœur Sainte-Geneviéve après ſa guérifon. Il eft venu le ſurlendemain Jeudi ; ſa ſurpriſe n'a pas été petite, lorſqu'en arrivant il a vu la miraculée venir au-devant de lui , lui préſentant un ſiége. *Eh quoi, dit-il d'un air bien ſurpris, vous êtes bien vivante ? Qu'avez-vous donc fait ? Vous êtes à merveille.* Il a fait beaucoup d'autres queftions auxquelles on a répondu toujours : *Quand vous aurez palpé la malade, on vous dira le ſecret. Ce ne ſont pas les médicamens qui l'ont guérie, car elle n'en a fait aucun.* Effectivement elle avoit ceſſé tous les remedes pendant ſa neuvaine. Il a palpé la malade, & trouvé l'eftomac dans l'état le plus naturel ; il a fait même approcher l'Infirmiere pour le lui faire remarquer : il s'eft écrié en même-temps : *Savez-vous bien, Madame, que*

---

(1) Apocalypſe, chap. VII, verſ. 10 & 12.

vous allez forcer les Médecins de croire aux miracles ? C'est une chose si évidente, qu'il n'est pas possible de ne pas croire. Votre petite médaille vous a bien réussi, je vous exhorte à la reporter encore ; il reste encore un petit point de dureté, mais continuez votre neuvaine, je viendrai quand elle sera finie, & j'espere ne plus rien trouver. Il a ajouté, en parlant à notre Mere Supérieure, c'est le Médecin des Médecins qui a guéri Madame Sainte-Géneviéve ; & pour rapporter ses propres paroles : c'est, dit-il, le doyen des Médecins ; ce qu'il a répété à deux autres personnes en sortant de chez nous. Il est à remarquer que le Mardi, dix-sept au matin, toutes les obstructions & les engorgemens subsistoient, & que le Mercredi matin, l'infirmiere trouva tout disparu, & l'estomac dans son état naturel ; ce qui a été confirmé le lendemain par la visite du Médecin, qui trouva tout comme on vient de le dire : il n'y a cependant eu aucune évacuation. Le Médecin est revenu, comme il l'avoit promis, après la neuvaine, & n'a plus rien trouvé.

Monsieur Morisot, notre médecin, ayant vu ma Sœur Sainte-Genevieve le jour de saint Augustin, vingt-huit Août, & l'ayant palpée, a trouvé l'estomac parfaitement rétabli, & la santé si parfaite, qu'il dit, que depuis plus de quatre ans qu'il connoît notre-Sœur, il ne l'a jamais vu ſi bien portante. Nous ne nous laſſerons jamais de chanter & de publier que Dieu eſt bon, & que ſa miſéricorde eſt éternelle ; parce que c'eſt ſa droite ſeule & ſon bras ſaint, qui nous a ſauvées (1).

Nous ſupplions les perſonnes qui liront cette relation, de prier le Seigneur de vouloir bien opérer ſur le cœur de la miraculée & ſur les nôtres ce qu'il a opéré ſur le corps de notre chere Sœur d'une maniere ſi merveilleuſe. Fait aux Hoſpitalieres de la rue Mouffetard, à Paris le neuf Septembre 1790.

Ceux qui ont lu l'Ecriture ſainte & l'hiſtoire de l'Egliſe ſavent que nos peres n'attendoient pas le certificat des Médecins pour croire aux miracles. Dieu a en effet opéré ſur la Sœur Sainte-Geneviéve deux merveilles auſſi éclatantes l'une que l'autre. La premiere eſt la guériſon d'une maladie que l'inutilité des remédes prodigués depuis long-temps faiſoit, avec raiſon, juger incurable. La ſeconde eſt le rétabliſſement ſubit de ſes forces, ſans aucune convaleſcence. Le ſecond événement n'eſt pas moins ſupérieur aux

---

(1) Pſ. 117, verſ. 2, & Pſ. 97, verſ. 2.

forces de la nature que le premier. Or on n'a pas befoin du témoignage de la méde-cine, & il ne faut que des yeux pour s'af-furer qu'une perfonne réduite, par une ma-ladie de plufieurs années, à la foibleffe la plus extrême, a paffé tout-d'un-coup à une fanté parfaite.

On trouvera donc, dans le feul récit des faits, une matiere abondante d'actions de graces au Tout-Puiffant, qui daigne fortir pour nous de fon fecret. C'eft un foutien qu'il accorde à notre foi, attaquée directe-ment par les impies, continuellement ébran-lée par les fcandales & les défordres de tout genre au milieu defquels nous vivons.

Il eft dit dans l'Evangile, que le peuple, témoin des miracles de Jefus-Chrift, en ren-doit gloire à Dieu : *Et omnis plebs, ut vidit, dedit gloriam Deo.* Puiffe la relation que nous publions produire cet heureux effet !

F I N.

BIBLIOTHÈQUE ROYALE

www.ingramcontent.com/pod-product-compliance
Lightning Source LLC
Chambersburg PA
CBHW051206050726
47594CB00007B/3090